스스로 공부하는 어린이가 되고 싶다!
공부 잘하는 법

초판 1쇄 발행 2025년 8월 25일

글 홍은채 | 그림 경자

펴낸이 고영은 박미숙 | 펴낸곳 뜨인돌출판(주)
출판등록 1994.10.11.(제406-251002011000185호)
주소 10881 경기도 파주시 회동길 337-9
홈페이지 www.ddstone.com | 블로그 blog.naver.com/ddstone1994
페이스북 www.facebook.com/ddstone1994 | 인스타그램 @ddstone_books
대표전화 02-337-5252 | 팩스 031-947-5868

편집이사 인영아 | 책임편집 류효주 | 디자인 이기희 이민정
마케팅 정원식 | 경영지원 김은주

ⓒ 2025 홍은채, 경자

ISBN 978-89-5807-076-4 73190

어린이제품안전특별법에 의한 제품표시
제조자명 뜨인돌출판(주) **제조국명** 대한민국 **사용연령** 8세 이상

스스로 공부하는 어린이가 되고 싶다!

공부 잘하는 법

출발
도착

경자 그림

홍민정 글

뜨인돌어린이

작가의 말

안녕하세요, 어린이 여러분! 공부를 잘하고 싶은 마음에 이 책을 펼쳤나요? 아니면, 혹시 "만화책만 보지 말고 이 책이라도 봐!"라는 잔소리에 마지못해 책을 펼친 친구도 있을지 모르겠어요. 어떤 이유든 상관없어요. 왜냐고요? 여러분은 지금 이 책을 펼친 것만으로도 행운이 시작되었으니까요!

선생님이 지금부터 공부를 잘할 수 있게 되는 행운의 마법 주문을 알려 줄게요! 준비됐나요? 행운의 마법 주문은 바로……! 매일매일, 조금씩, 스스로! 뿅! "에이, 이게 무슨 마법의 주문이야?" 그런 생각이 들 수도 있어요. 하지만 진짜 마법은 눈에 보이지 않는 법! 이 마법은요, 매일매일 조금씩 스스로 공부한 친구들에게 찾아오는 공부 잘하게 되는 신기한 주문이랍니다.

매일매일 정해진 분량을 하루에 딱 10분이라도 누가 시키지 않아도 스스로 해 보는 것! 오늘보다 내일은 조금 더 해 보겠다는 다짐까지 함께하면 어느새 "어? 나도 공부가 쉬워졌네?"

홍은채

하고 느끼는 순간이 찾아올 거예요. 오늘부터 여러분은 공부 마법사로 변신 중!

이 책은 만화처럼 술술 읽히지만, 이 안에는 진짜 공부 비법들이 가득 담겨 있어요. 너무 어렵게 생각하지 말고, 나도 해 볼 수 있겠다, 하는 것부터 하나씩 실천해 보세요. 공부는 특별한 사람만 잘하는 게 아니에요. 방법을 알고, 꾸준히 노력하는 사람에게 찾아올 거예요. 이 책에 숨어 있는 비법들을 하나씩 익혀 여러분만의 공부 습관을 만들어 보세요. 선생님이 여러분의 도전을 응원할게요!

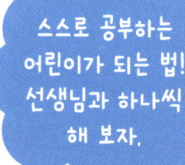

등장인물

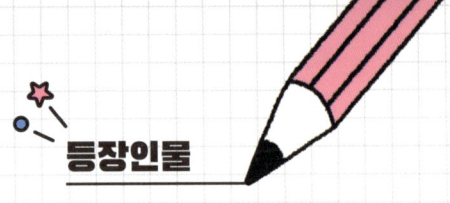

임재연

소희에게 잘 보이려고 애쓰는 재연이. 하지만 뭔가 부족하다. 단원 평가가 끝난 뒤, 소희는 공부 잘하는 윤후에게 관심을 보인다. 재연이는 꼬마 탐정이 되어 윤후를 몰래 관찰하기 시작한다.

강소희

수줍음 많던 소희가 달라졌다. 모르는 건 바로 질문하고, 친구에게는 공부 비법도 척척! 씩씩하게 성장한 모습이 독자에게 따뜻한 감동을 전한다.

최윤후

퀴즈 문제가 나오기만 하면 번쩍! 질문 시간에도 번쩍! 공부에 관한 건 모두 윤후에게 집중된다. 예습과 복습은 기본, 노트 필기는 꼼꼼하고 체계적. 교과서, 박물관 정보 자료까지 뭐든 쏙쏙 자기 것으로 만드는 공부 박사다.

진다솜

명랑 발랄 다솜쓰! PASS 그룹의 팬답게 공부도 열심히지만, 성적은 뜻대로 안 된다. 하지만 나만의 오답 노트로 부족한 부분을 채워 갈 예정!

이민규

공부가 영 재미없는 민규. 게임처럼 신나게 공부할 수 있다면 얼마나 좋을까? 생각처럼 쉽진 않지만, 진행자라는 꿈과 캡슐에 숨겨 둔 비밀의 꿈만은 지키고 싶다.

김정우

경제에 관심이 생기며 공부에도 재미를 느낀다. 윤후에게 자극받아 자기 주도 학습에 도전! 꾸준한 노력으로 '경제 전문가'라는 꿈에 한 발 더 다가선다.

홍 쌤

초등학생들에게 '공부 잘하는 법'을 확실히 알려 주고 싶은 선생님. 아이들이 점수보다 멋진 어른으로 자라길 바라며 교실을 지킨다.

차례

작가의 말 - 홍은채

등장인물

1장. 와글와글

2장. 심란한 내 마음

3장. 공부가 재밌다고?

4장. 다른 전략이 필요해

5장. 다시 봤어, 최윤후!

6장. 체험 학습

7장. 절제와 조절

1장
와글와글

3. 다음 중 동물을 분류하는 기준으로 적절하지 않은 것은 무엇입니까?

① 물에 사는 동물
② 다리가 있는 동물
③ 날개가 있는 동물
④ 무게가 무거운 동물
⑤ 더듬이가 있는 동물

"공부를 해야 하는 이유."

혹시 "엄마가 시켜서요."라고 대답하려던 건 아니지? 아니라면, "친구들이 하니까요." "좋은 대학에 가려고요." "멋진 직장을 가지려고요." 이렇게 말하려고 했지? 너무 놀랄 필요는 없어. 대부분의 어린이가 이렇게 대답하거든. 심지어 어른들도 그렇게 말하곤 하니까! 공부는 하면 할수록 좋은 게 많아. 어떤 점이 좋은지 한번 알아보자.

공부하면 좋은 점. 하나!

공부를 하면 세상이 더 잘 보여. 세상이 더 잘 보이면 나를 둘러싼 세상이 즐거워져. 주변 세상과 다양한 사람들을 더 잘 이해할 수 있게 되는 거야. 예를 들어, 언어를 공부하면 다른 나라 사람들과 소통할 수 있고, 과학을 공부하면 자연현상을 이해할 수 있게 되는 거지. 세상을 이해하면 더 많은 친구를 사귀고, 더 재미있게 살아갈 수 있어.

공부하면 좋은 점. 둘!

공부를 하면 문제를 해결하는 힘이 자라나. 이 힘은 우리가 살아가는 데 큰 도움이 될 거야. 예를 들어, 역사 공부를 하면 옛날에 어떤 일이 있었는지 알 수 있고, 과거의 사건 속에서 교훈도 얻을 수 있어. 또, 수학이나 과학 문제를 풀다 보면 차근차근 생각하는 연습이 되면서 논리적으로 생각하는 힘이 길러져. 이렇게 공부하면서, 생각을 똑똑하게 하는 힘이 쑥쑥 자라는 거야.

"공부는 꿈을 이루는 통로!"

공부는 꿈을 이루기 위한 중요한 첫걸음이야. 배우고 성장할수록 이룰 수 있는 꿈도 점점 더 많아지게 되는 거지. 예를 들어, 의사가 되고 싶다면 열심히 공부해서 많은 지식을 쌓아야 하고, 예술가가 되고 싶다면 창의력과 다양한 기술을 익혀야 해. 다양한 분야에서 배운 것들이 쌓이다 보면 많은 가능성이 열리고, 내가 원하는 미래를 만들어 갈 수 있는 힘이 돼.

시각 장애를 가진 변호사, 김예원

김예원 변호사는 태어날 때의 의료 사고로 한쪽 눈의 시력을 잃었어. 하지만 포기하지 않고 공부를 이어가 마침내 변호사가 되었지. 법을 배우는 과정은 결코 쉽지 않았지만 꾸준히 공부하고 세상과 소통하는 방법을 익히면서 자신의 꿈을 향해 한 걸음씩 나아갔지. 지금은 장애를 가진 사람들의 권리를 지키기 위해 활동하고 있어. 김예원 변호사에게 있어 공부는 단순히 시험을 위한 것이 아니라 세상과 사람을 이해하고 돕는 데 든든한 친구였던 거야.

수학으로 세계를 놀라게 한 박사, 허준이

허준이 수학 박사는 수학의 아름다움을 알게 된 뒤, 수학자의 길을 걷기로 결심했어. 처음부터 수학을 잘했던 건 아니었지만, 포기하지 않고 꾸준히 공부하며 점점 수학에 빠져들었어. 결국 그는 한국인 최초로 '수학의 노벨상'이라 불리는 필즈상(Fields Medal)을 수상했어. 허준이 박사에게 공부란, 자신이 좋아하는 것을 깊이 있게 탐구하고 세상을 새롭게 바라보게 해 준 디딤돌이었어.

2장
심란한 내 마음

"이것부터 점검해 보자!"

본격적인 공부를 시작하기 전에 완벽할 필요는 없지만 어떤 물건이 어디에 있는지, 물건이 제대로 놓여 있는지는 확인할 수 있어야 해. 공부를 시작하려는데 공책을 찾다가 30분 동안 헤매게 되면, 어떻게 될까? 귀찮다고 마구 구겨 넣은 교과서나 공책을 보면 공부할 마음이 싹 사라져 버릴걸.

책상 정리로 집중력 높이기

책상에 앉자마자 1초 만에 바로 공부에 집중하는 친구를 만난 적이 있어. 공부가 아닌 다른 곳에 신경 쓸 일이 없기 때문에 가능한 거야. 책상을 잘 정리해 두면 교과서를 찾느라 시간을 낭비할 일도 없고, 책상 속 서랍에서 물건들이 쏟아질 일도 없을걸. 주변을 단정하게 정리하는 습관을 차근차근 기르다 보면, 일상생활에 필요한 집중력도 무척 높아질 거야.

책은 책대로, 공책은 공책대로

초등학교에 처음 입학한 친구들이 가장 어려워하는 것 중 하나는 준비물 꺼내기와 정리 정돈이야. 가장 기본이 되는 기초 생활 습관을 잘 만들어 보자. 책상에는 수업에 꼭 필요한 교과서, 공책, 필기도구를 넣어 두고, 자주 사용하지 않는 물건들은 귀찮더라도 사물함에 정리하는 거야. 한번 정리해 두고 계속 같은 곳에 두기만 하면 정리된 책상을 유지할 수 있어.

"현재 상태 점검하기."

어떤 친구는 공부를 쉽고 재미있게 생각할 수도 있고, 또 어떤 친구는 어렵고 힘들게만 느낄 수도 있어. 각자 나름의 고민을 가지고 있을 거야. 먼저 내가 가진 공부 습관을 돌아보는 게 중요해. 현재 나 자신에 대해 한번 생각해 보고, 공부에 도움이 되는 습관을 차근차근 찾아가 보자.

나의 공부 습관은 어떨까?

학교 책상과 사물함 주변을 체크해 봐!

책상 위에는 꼭 필요한 물건만 놓여 있나요?	O	X
필요한 교과서를 바로 찾을 수 있나요?	O	X
책상 서랍에서 교과서나 책이 튀어나와 있지 않나요?	O	X
책상 서랍에 여유 공간이 있나요?	O	X
교과서와 공책이 구분되어 정리되어 있나요?	O	X
선생님이 나눠 준 학습지는 L자 홀더에 차곡차곡 정리되어 있나요?	O	X
가방 지퍼는 잘 잠겨 있나요?	O	X
책상 주변에 떨어진 물건은 없나요?	O	X
사물함에 교과서가 눈에 잘 띄게 세워져 있나요?	O	X
사물함에 필요하지 않은 물건이 들어 있지는 않나요?	O	X

정리 습관을 점검해 보니까 어때? 다음 페이지에서는 선생님이 책상 정리하는 방법을 알려줄게. **모든 항목에 'O'를 받을 수 있을 때까지, 정리하는 습관을 길러 보자!**

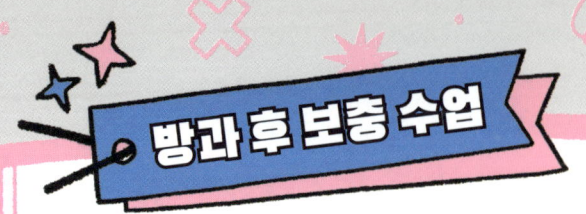

책상 정리하기

책상은 **수업 시간에 자주 사용하는 물건을 정리하는 공간**이야. 공부가 쉬워지는 마법의 공간을 만들어 볼까?

매일 아침 시간표를 보고 그날 필요한 교과서를 미리 정리해 두거나, 자주 사용하는 교과서 중심으로 정리해 두면 좋아.

학습 공책, 알림장, 읽고 있는 책, L자 홀더 등을 놓자. L자 홀더에는 선생님께서 나눠 준 학습지를 차곡차곡 정리하자.

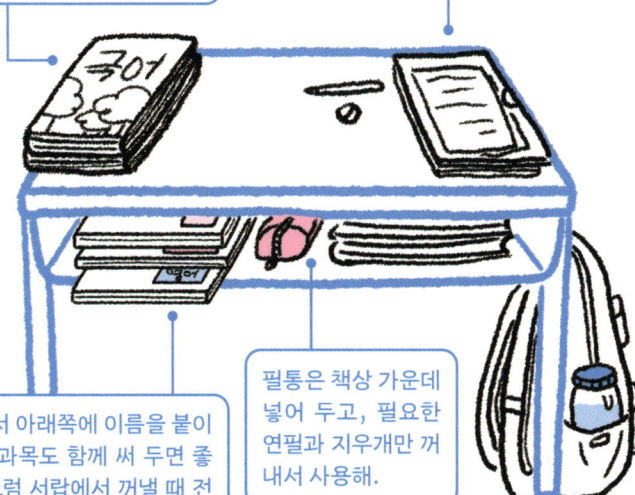

교과서 아래쪽에 이름을 붙이면서 과목도 함께 써 두면 좋아. 그럼 서랍에서 꺼낼 때 전체를 꺼내지 않고도 원하는 교과서를 쉽게 꺼낼 수 있어.

필통은 책상 가운데 넣어 두고, 필요한 연필과 지우개만 꺼내서 사용해.

물병은 가방에 넣어 두는 게 안전해! 책상 위에 뒀다가 수업 중에 "달그락!" 하고 바닥으로 떨어질 수도 있잖아?

사물함 정리하기

사물함은 학교 생활에 필요한 용품을 정리하고 보관하는 곳이야. 내 사물함, 깔끔하게 변신시켜 볼까?

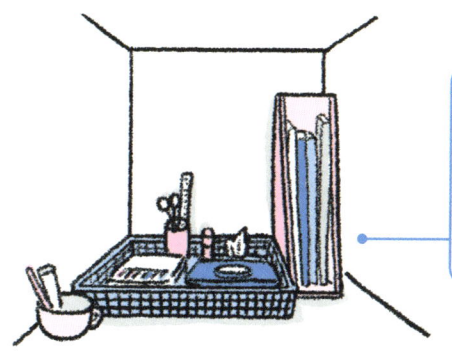

파일꽂이에는 책상에 넣어 두지 않는 교과서를 정리해. 파일꽂이의 밑 칸막이는 제거하는 게 좋아. 책을 넣고 빼기가 훨씬 쉬워져.

바구니에는 색연필, 사인펜, 풀, 가위 등 자주 쓰는 학용품을 정리해. 바구니는 너무 크거나 높지 않은 사이즈로 골라 봐. 남는 공간에는 양치 컵과 물티슈 등도 깔끔하게 정리해 보렴.

사물함 물건들을 내가 쓰기 쉽게, 찾기 쉽게 배치해 보자! 하나씩 정리하다 보면 나만의 정리 습관이 생길 거야.

"서로 가르치며 배우는 힘!"

유대인들은 전 세계 인구의 약 0.2%를 차지하지만, 놀랍게도 노벨상 수상자의 약 22%를 차지해. 그 비결 중 하나는 바로 서로 가르치기, 즉 '**하브루타(Havruta)**'에 있어. 하브루타는 유대인 정통 교육 방식으로, 두 사람이 짝을 지어 질문하고 토론하며 함께 배우는 방법이야. 자기와 다른 사람에게 설명하는 과정을 통해 더 명확히 이해하고, 다양한 시각에서 문제를 바라볼 수 있을 거야.

틀려도 괜찮아!
함께 생각하며 배우는 '서로 가르치기'

★ 이해가 깊어져!
설명하는 과정에서 개념을 정리하고, 부족한 부분을 발견하게 되어 이해가 더 잘 돼.

★ 기억이 오래가!
머릿속에만 있던 정보를 말로 표현하면 자연스럽게 재구성되고, 설명하는 과정 자체가 복습이 되어 오래 기억할 수 있어.

★ 자신감이 생겨!
내가 아는 것을 다른 사람과 공유하는 경험을 통해 학습에 대한 자신감이 생기고 더 높은 목표에 도전할 용기도 가질 수 있어.

가르쳐 보기 : 연습 편

미국에서 가장 똑똑한 천재로 불리는 유대인 물리학자이자, 노벨 물리학상 수상자인 리처드 파인만(Richard Phillips Feynman, 1918)의 공부법을 알려 줄게!

★ 파인만 테크닉 4단계

1단계	공부할 내용을 스스로 정리해 봐.
2단계	다른 사람에게 가르치듯 설명해 봐.
3단계	막히는 부분이 있다면 다시 공부해 봐.
4단계	이미지, 도표, 마인드맵 등으로 간단하게 시각 자료를 만들어 봐.
연습하기	다시 설명해 봐! 머릿속에만 있는 지식은 아직 '내 것'이 아닐 수도 있어. 언제 어디서든 자연스럽게 설명할 수 있도록 소리 내어 연습 보는 게 중요해!

TIP 리처드 파인만은 모르는 것을 마치 어린아이에게 설명하듯 이야기해 봐야 진짜로 아는 것이라고 했어. 과학자였지만, 어려운 물리 이야기를 아주 쉽게 설명하는 사람으로 유명했대.

가르쳐 보기 : 실전 편

그럼 이제 내가 선생님이 돼서 **직접 가르치는 방법**으로 공부해 볼까?

★ **자기 자신에게 가르치기**
거울 앞에 서서 나 자신에게 설명해 보는 거야. 말하다 보면 잘 모르는 부분도 자연스럽게 알 수 있어.

★ **인형에게 가르치기**
인형 앞에서 배운 내용을 책 없이 설명해 봐도 좋아. 반복해서 연습하다 보면 발표력도 키울 수 있어.

★ **스터디 그룹 만들기**
친구들과 스터디 그룹을 만들어 서로 가르쳐 보는 거야. 한 명씩 돌아가며 선생님이 되어 설명하다 보면, 공부 내용을 더 잘 이해하는 데 도움이 될 거야.

"꿈을 생생하게 꿔 보자."

맥도날드를 만든 **레이 크록(Ray Kroc)**도, 세계 최고의 투자자인 **워런 버핏(Warren Buffett)**도, 상대성 이론을 완성해 세상에 발표한 알베르트 **아인슈타인(Albert Einstein)**도 모두 생생하게 꿈을 꾸었대. 어떻게 하면 되냐고? 그렇게 어렵지 않아. 구체적으로 상상하고 글과 말로 표현하는 거야.

구체적으로 상상하기

내가 이루고 싶은 일을 구체적으로 상상하고, 잘 보이는 곳에 써서 붙여 두는 거야. 누가 듣지 않아도 큰 소리로 읽어 보는 것도 좋아. "나는 매일 스스로 공부하는 어린이가 될 거야.", 또는 "나는 공부하면 할수록 기억력과 집중력이 좋아져서 성적이 쑥쑥 오를 거야." 이런 말들을 자주 보고 진심으로 말하다 보면, 어느새 자신감이 뿜뿜 솟아날걸?

공부하고 싶은 마음 키우기

공부로 성공한 사람들, 공부를 열심히 해서 갖고 싶은 것들, 공부를 통해 이루고 싶은 목표들 그리고 내가 본받고 싶은 사람의 모습을 사진으로 찾아 책상 앞에 붙여 두는 거야. 공부를 시작할 때마다 공부하고 싶은 마음이 쑥쑥 자라나게 말이야.

공부로 세상을 바꾼 사람들

혁신의 아이콘, 빌 게이츠(Bill Gates)를 알고 있니? 빌 게이츠는 컴퓨터 회사 마이크로소프트(Microsoft)의 창립자이자, 세계에서 가장 성공한 사람 중 한 명이야. 그의 공부 습관은 많은 사람들에게 좋은 본보기가 되었어. 빌 게이츠의 공부 습관에는 매일 독서하기, 질문하기, 시간 관리, 메모하기, 전문가와 대화하기 등이 있어.

★ 빌 게이츠의 공부 습관

매일 독서하기

빌 게이츠는 매일 책을 읽어. 과학, 역사, 경제 등 다양한 주제의 책을 읽으며 지식을 쌓는 거야. 매년 약 50권의 책을 읽는대.

질문하고 답 찾기

빌 게이츠는 항상 호기심을 가지고 질문을 던져. 궁금한 점이 생기면 그 답을 찾기 위해 책을 읽고, 연구해.

시간 관리

빌 게이츠는 자신의 시간을 잘 관리해. 중요한 일을 먼저 하고, 공부할 시간을 따로 정해 놓는 거야. 규칙적으로 공부하는 습관을 기르는 거지.

메모하기

빌 게이츠는 책을 읽거나 공부할 때 중요한 내용을 메모해. 이렇게 하면 나중에 다시 볼 수 있고, 더 잘 기억할 수 있어.

전문가와 대화하기

빌 게이츠는 다양한 분야의 전문가들과 대화하며 새로운 지식을 얻어. 다른 사람들과 의견을 나누는 것도 아주 좋은 공부 방법이야.

이 습관들을 통해 빌 게이츠는 현대 컴퓨터 산업의 선구자로서, 전 세계적으로 IT 기술이 더 좋아지는 데 힘을 보탰어. 누구나 컴퓨터를 쉽게 사용할 수 있도록 프로그램을 개발해서 개인용 컴퓨터가 널리 퍼지는 데 큰 역할을 했지. 빌 게이츠처럼 무언가에 호기심을 가지고 사람들에게 좋은 영향을 주는 사람이 되기를 꿈꿔 보는 건 어떨까?

4장
다른 전략이 필요해

"매일매일, 조금씩, 스스로!"

공부를 잘하는 방법 중에서 가장 중요한 건 공부 습관을 기르는 거야. **매일매일** 꾸준히 공부하면서 일정한 리듬을 유지하면 자연스럽게 공부에 집중할 수 있게 돼. **조금씩** 부담스럽지 않은 양을 해결하면서 작은 성취감과 자신감을 쌓아 갈 수 있어. 그리고 **스스로** 계획을 세우고 실천하면서 공부에 대한 **동기 부여**가 생기면, 더 깊이 있는 학습을 할 수 있게 될 거야.

계획표 만들기

배를 타고 여행을 떠날 때 어디로 가야 하는지 모른다면 그 항해는 시작하기도 전에 엉망이 되어 버리는 법! 먼저 작더라도 매일 실천할 수 있는 계획표를 만들어 보자. 달력이 그려진 계획표에 스스로 할 수 있는 만큼의 목표를 설정하고 오늘 한 일을 체크해 보는 거야.

	월	화	수	목	금	토	일
아침 (등교 전)	동화책 읽기	지식책 보기	동시 읽기	지식책 보기	동화책 보기	동시 읽기	쉬기
저녁 (하교 후)	사고력 문제집 1장	연산 수학 문제집 1장	사고력 1장	연산 1장	사고력 1장	연산 1장	준비물 챙기기
잠들기 전	이 깨끗이 닦기 / 일찍 자기							

목표와 계획을 세우는 것만으로도 일단 50%는 성공! 매일, 조금씩, 스스로 할 수 있는 만큼 계획을 세우고 실천해 봐!

오늘은 수학을 정복한다!

"목표-보상 세트를 만들어 봐."

목표를 세우는 것은 성공을 향해 나아가는 중요한 첫걸음이야. 목표를 세울 때는 장기적인 목표부터 시작해, 점점 더 구체적이고 작은 목표로 나누어 가는 것이 효과적이지. 그리고 그 목표를 이루었을 때 나 자신에게 선물을 주는 거야.

나를 칭찬하기

하루의 목표가 완성될 때마다 칭찬 스티커를 붙이고 약속을 지킨 기쁨을 느껴 보면 어떨까? 예를 들어, 10개의 스티커를 모으면 나 자신을 칭찬해 보자. 부족한 부분이 발견되면 자책하기보다는 스스로를 따뜻하게 격려해 줘. 자신감을 잃지 않도록 말이야.

목표 안에 보상 포함하기

목표 안에 나에게 주는 선물을 포함해 봐. 좋아하는 간식을 먹거나, 좋아하는 활동을 할 수 있는 시간을 가져 보는 거지. 이 약속은 부모님과 함께 만들어도 좋고, 혼자 정해도 좋아. 계속 공부를 이어 갈 수 있는 동기를 마련해 보면서 나 자신을 응원하는 원칙을 세워 봐.

성공률 100% 목표 세우는 방법

★ 언제, 어디에서, 어떻게 할지 구체적으로 정해 봐.
"공부를 열심히 하자." 대신 "아침 7시에 일어나 책상에서 30분간 책을 읽고 학교에 갈 거야!"

★ 너무 쉽게 할 수 있는 것보다 살짝 높은 수준의 목표를 설정해 보는 것도 좋아.
"이미 다 알고 있는 수학 문제집 1장 풀기!" 대신 "모르는 문제가 한 두 문제 들어가 고민이 필요한 문제집 1장 풀기!"

★ 목표를 잘 실천한 나의 멋진 모습을 상상해 보자.
침대 옆에 아침 7시에 일어나는 부지런한 나를 칭찬해 주는 쪽지를 붙여 보기, 어려운 문제를 해결했을 때 뿌듯함 상상하기 등 어때?

성공률 100% 계획표 만들기

요일	공부 계획	달성 여부	
월		○	×
화		○	×
수		○	×
목		○	×
금		○	×
토		○	×
일		○	×

보완할 점

다음 주 목표

"눈을 크게 뜨고 살펴봐."

지금 교실을 둘러볼래? 공부를 잘하는 친구들이 누구인지 보이니? 꼬마 탐정이 되어 그 친구의 모습을 자세히 관찰하고 따라 해 보는 시간을 가져 보는 건 어떨까? 친구가 가진 좋은 습관을 알게 되는 계기가 될 거야. 지금부터 시작!

공부 잘하는 친구의 공통점은?

★ **수업 태도가 다르다!**
수업 종이 치기 전, 자리에 앉아 수업을 들을 준비를 하더라고요.

맞아. 수업하기 전에 책상에 미리 공책도 꺼내 두고, 연필과 지우개도 준비해 봐. 교과서를 펼쳐서 오늘 배울 내용을 훑어보고. 수업 시간에는 선생님이 하시는 말씀을 잘 듣고 있다가 발표에도 적극적으로 참여해 보자. 속으로만 '다 아는 거야.'라고 말하지 말고 직접 입 밖으로 표현하면 기억에 더 오래 남을 수 있어.

★ **질문을 좋아한다!**
모르는 건 따로 체크하더라고요. 선생님께 물어보기도 하고요.

좋은 점을 알아챘구나? 공부를 좋아하는 친구들은 자기가 모르는 것을 부끄러워하지 않더라. 모르니까 배우려고 학교에 온 거잖아. 먼저 반 친구들 앞에서 질문하는 연습부터 해 볼까? 만약 질문을 하는 게 부끄러우면 쉬는 시간에 선생님이나 짝꿍에게 물어보는 건 어때? 질문한 만큼 더 성장할 수 있거든.

꼬마 탐정 : 위인을 조사하라!

아래는 위인들 중에서 공부를 열심히 한 사람들의 특징을 조사한 내용이야.

이름 : 세종대왕
국적 : 조선
직업 : 조선의 제4대 국왕
공부 습관 :
❶ 어릴 때부터 책을 자주 읽음.
❷ 궁금한 건 끝까지 알아봄.

이름 : 마리 퀴리
국적 : 폴란드(출생), 프랑스(결혼 후)
직업 : 물리학자, 화학자
공부 습관 :
❶ 궁금한 건 직접 실험해 봄.
❷ 함께 공부할 수 있는 친구들을 찾음.

이름 : 아인슈타인
국적 : 독일(출생), 미국(사망)
직업 : 특허청 공무원, 교수, 물리학자
공부 습관 :
❶ 혼자서 조용히 생각하는 걸 좋아함.
❷ 생각이 꼬리에 꼬리를 물 때까지 멈추지 않음.

이번에는 네가 찾은 공부법을 소개해 줄래? 우리 반 친구 중에 한 명도 좋고, 존경하는 위인의 학습법을 탐구해도 좋아.

이름		공부법	
국적			
직업			

이름		공부법	
국적			
직업			

이름		공부법	
국적			
직업			

"쉬는 시간, 알차게 쓰는 법!"

효율적인 시간 활용으로 공부에 대한 자신감과 성취감을 올릴 수 있어. 특히 쉬는 시간에 복습과 예습을 하는 것도 좋아. 짧은 시간 동안 정보를 빠르게 떠올리고 기억하는 데 효과적이거든. 특히 짧은 쉬는 시간을 관리하는 훈련을 하다 보면 자기 관리 능력이 쑥쑥 자라날 수 있어.

복습하기

수업 시간에 시간이 부족해서 **필기를 못 한 부분이나 이해가 어려웠던 부분은 바로 확인하는 것이 좋아.** 시간이 지나면 금방 잊어버리거든. 쉬는 시간은 짧기 때문에, 많은 것을 복습하기보다 배운 내용을 간단히 정리하거나, 중요한 내용을 한 번 훑어보는 것을 추천해. 같은 내용을 반복해서 보면 장기 기억으로 전환되어 오랫동안 기억에 남을 수 있거든.

예습하기

공부 잘하는 친구들은 가장 중요한 것으로 '교과서'를 골라. 문제집을 아무리 많이 풀어도 **교과서의 기본 개념을 이해하지 못하면 또 실수하고, 틀릴지도 모르거든.** 교과서를 이해할 수 있을 때까지 여러 번 반복해서 읽어 봐. 수업 시간 전에 모르는 단어를 찾아보고, 궁금한 점은 질문을 해 보는 거야.

"재충전도 중요해."

다솜이는 쉬는 시간에 잘 쉬고 싶구나. 수업 시간에 열심히 공부했다면 적절한 재충전 시간이 필요해. 학교마다 다르지만 보통 중간 놀이 시간이 있어. 만약 쉬는 시간이 20~30분 정도라면, 이 시간은 앉아만 있기엔 길고 활동적인 놀이를 하기엔 짧아. 다음 수업에 방해가 되지 않을 정도의 가벼운 놀잇감을 소개해 줄게.

중간 놀이 시간은 이렇게!

★ **간단한 스트레칭 하기**

40분 동안 앉아 있느라 긴장된 근육을 풀어 주고, 혈액 순환을 촉진시켜 공부에 대한 집중력도 높여 줄 거야. 목도 이리저리 돌리고, 팔과 다리를 쭉쭉 스트레칭해 봐!

★ **친구나 선생님과 대화하기**

수다를 떠는 것도 단순한 놀이 이상의 효과를 가져와. 다른 사람과 대화를 나누며 서로의 생각과 감정을 이해하는 능력을 기르고, 자신의 감정을 표현하며 스트레스를 해소할 수 있어. 친구들과 유대감을 통해 즐거운 학교 생활을 만드는 데도 좋아!

★ **창의적인 활동 하기**

책을 읽거나 그림 그리기 또는 보드 게임 하기 등으로 뇌를 다른 방식으로 사용하면서 재충전을 할 수 있어. 창의적인 활동은 두뇌를 자극하고 스트레스를 해소하는 데 도움이 돼.

★ **교실 밖으로 나가기**

운동장을 한 바퀴 돌거나 도서관에 다녀와 봐. 실내에 오래 머물러 있었으니, 짧게 바깥 공기도 마시고 산책을 하면 머리가 맑아질 거야. 도서관에서 재미있는 책을 빌려오는 것도 좋고!

윤후야, 아까부터 뭘 계속 쓰던데… 그 수첩 구경해도 돼?

응, 봐도 돼. 그냥 평소에 궁금한 것들을 적어 두는 수첩이야.

"아는 만큼 즐거운 체험 학습!"

체험 학습은 학교나 집에서 배우는 이론적인 공부를 넘어 눈으로 보고, 몸으로 느끼며 배우는 멋진 공부 시간이야. 교실에서 배운 내용이 실제로 어떻게 적용되는지 직접 경험해 볼 수 있어서, 아는 만큼 더 재미있고 의미 있는 시간을 보낼 수 있어.

직접 보면 더 알고 싶어져!

박물관에서 공룡 화석을 본 후 공룡에 대해 더 궁금해진 적이 있어? 과학 실험을 해 보고 과학적 이론이 현실로 느껴진 적이 있니? 이런 경험들은 단순히 눈으로 보는 것에서 끝나지 않고, 더 많은 것을 알고 싶어지게 만들어. **직접 보고 경험하면, 그 주제에 대한 호기심이 자연스럽게 생기고, 더 깊이 탐구하고 싶은 마음이 커지거든.** 체험 학습은 교실에서 배우는 지식에 생명력을 불어 넣어 줄 거야!

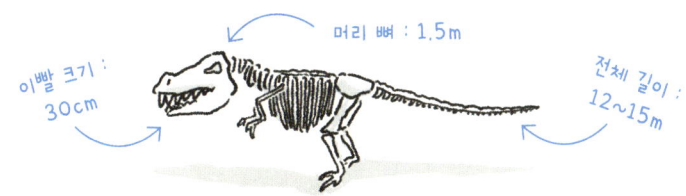

노는 것도 공부가 될 수 있다고?

체험 학습에서 재미있게 놀면서도 많은 것을 배울 수 있어. 놀이공원에서 롤러코스터를 타며 속도와 중력을 경험하거나, 동물원에서 동물들의 생활 습관을 관찰하는 것처럼 말이야. **즐거운 활동이 자연스럽게 공부가 되는 거야.** 공부는 꼭 책상에서만 하는 게 아니야.

체험 학습 가기 전

★ **체험 학습 장소의 공식 홈페이지를 방문해 봐!**
무엇을 볼 수 있는지, 어떤 활동을 할 수 있는지, 특별한 행사나 전시가 있는지 미리 확인해 볼 수 있어.

★ **블로그나 유튜브 등의 정보를 검색해 봐!**
이미 다녀온 사람들의 후기를 통해 체험의 장점과 단점, 주의해야 할 점 등이 잘 나와 있어서 미리 준비하고 기대할 수 있게 도와줄 거야.

체험 학습 다녀온 후

체험 학습을 다녀온 후, 이제 **나의 후기를 남길 차례**야. 가기 전에 검색했던, 블로그나 유튜브처럼 내가 다녀오고 난 후 새롭게 알게 된 점이나, 인상 깊었던 점 등의 느낀 점을 적어 봐.

1단계	체험 학습 소개	어디를 갔나요? 왜 갔나요? 첫 인상은 어땠나요?	예) 우리 반 친구들과 함께 독립기념관에 다녀왔어요. 독립운동가들의 이야기를 듣는다고 해서 무척 기대가 되었어요.
2단계	세부 활동 기록	느낀 점 & 배운 점 떠올리기	예) 독립운동가들의 일기장이 가장 기억에 남아요. 글씨는 희미했지만, 나라를 지키기 위해 노력했던 마음이 느껴졌어요.
3단계	정리	소감 정리 & 미래에 대한 다짐하기	예) 이번 체험을 통해 역사 공부가 왜 중요한지 알게 되었어요. 앞으로도 우리나라의 역사를 더 많이 알아보고 싶어요.
이후 추천 활동		체험 학습 결과물 만들기	예) 현장 사진으로 앨범을 만들어 볼까요?
		내 후기를 읽는 독자에게 질문을 남기며 마무리하기	예) 여러분은 독립운동가에 대해 얼마나 알고 있나요?

7장
절제와 조절

"즐길 땐 마음껏, 멈출 땐 확실하게!"

게임을 즐길 때는 마음껏 몰입하고, 그 시간만큼은 정말로 즐거움을 느껴 봐! 하지만 멈출 때는 스스로 약속한 시간을 지키는 것이 중요해. 이렇게 하면 게임도 더 재미있고, 다른 일도 더 잘할 수 있어. 게임을 통해 얻는 즐거움과 성취감도 좋지만, 스스로 시간을 조절할 줄 아는 능력은 더 멋지고 중요한 능력이야.

디지털 기기, 지혜롭게 사용하기

스마트폰, 태블릿 같은 디지털 기기는 게임뿐만 아니라, SNS, 유튜브, 음악 감상, 사진 촬영 등 다양한 활동을 즐길 수 있어.

★ 게임에서 승패에 너무 집착하기보다는 과정 자체를 즐겨 봐.
★ 새로운 앱이나 콘텐츠를 시도해 봐.
★ 친구나 가족과 함께 SNS나 메신저를 통해 소통하는 시간을 가져 봐.
★ 나만의 창의성을 표현하는 콘텐츠를 만들어 봐.

디지털 기계 휴식 시간

디지털 기기를 전혀 사용하지 않는 시간을 만들어 보는 건 어떨까? 이 시간을 활용해 가족이나 친구들과 함께 보내거나, 혼자만의 시간을 가지며 책을 읽고 취미 활동에 집중해 보자. 아니면 적어도 공부를 할 때에는 디지털 기계를 다른 방에 두고 오는 것도 좋은 방법이야. 이렇게 하면 더 집중할 수 있고, 새로운 에너지를 얻어 하루를 더 알차고 의미 있게 보낼 수 있을 거야.

"디지털 기술을 활용해 공부하기."

디지털 기계를 잘 활용하면 단순한 기기 이상의 역할을 하여 학습과 일상생활에 도움이 되는 도구가 될 수 있어. 특히 어플리케이션의 장점을 알고, 자신의 필요와 학습 스타일에 맞게 사용하면! 스마트폰이나 태블릿이 공부의 강력한 도구가 되어 줄 거야. 나에게 딱 맞는 디지털 기계와 프로그램을 적당히 활용해 공부하는 방법을 터득해 보자!

공부에 도움이 되는 무료 어플

다양한 어플들은 공부를 더욱 효율적이고 재미있게 만들어 줄 수 있어. 여기 몇 가지 추천할 만한 어플을 소개할게!

	수학 게임-덧셈, 뺄셈, 곱셈, 나눗셈	사칙연산 끝판왕으로 유치원부터 중학교 단계까지 다양한 수학 공부를 할 수 있어요.
	듀오링고(Duolingo)	매일 5분, 15분, 30분 원하는 시간만큼 듣기, 말하기, 읽기, 쓰기를 골고루 연습하며 영어 실력을 늘려요.
	노션(Notion)	공부 계획을 작성하거나 공부 내용을 정리할 때 좋아요.
	쥬니버스쿨	수학, 코딩, 안전 교육, 생활 습관, 창의력 놀이, AI 놀이 모두 가능해요.
	포레스트(Forest)	공부할 때 스마트폰을 자주 보게 되는 친구들은 나무를 키우며 집중력을 높여 봐요.
	콴다(QANDA)	사진 한 장으로 모르는 문제를 해결할 수 있어요. 혼자 공부할 때 사용하면 좋아요.

스마트폰 점검 리스트

아래 질문을 보고, 나에게 해당하는 곳에 ○ 표시를 하세요. 주관식 답은 빈칸에 적어 보세요.

항목	질문	답	
사용 시간 관리	하루에 스마트폰을 몇 시간 사용하나요?	1시간 이하 3시간 이하 3시간 이상	
	스마트폰 사용 시간을 기록하고 모니터링하고 있나요?	○	×
사용 목적 점검	주로 어떤 용도로 스마트폰을 사용하나요? 빈칸에 적어 보세요.(주관식)		
	공부나 중요한 일 외에 불필요한 앱을 자주 사용하나요?	○	×
	'○'에 체크한 경우, 어떤 앱을 사용하나요? 빈칸에 적어 보세요.(주관식)		
	스마트폰이 내 생활에 도움을 주고 있나요?	○	×

항목	질문	답	
건강 관리	스마트폰 사용할 때 자세에 신경을 쓰나요?	○	×
	장시간 사용 후 눈을 쉬게 하고 있나요?	○	×
스마트폰 휴식 시간	하루 중 스마트폰을 사용하지 않는 시간을 정하고 있나요?	○	×
	그 시간 동안 다른 취미 활동에 집중하나요?	○	×
	'○'에 체크한 경우, 어떤 취미 활동인가요? 빈칸에 적어 보세요.(주관식)		
	공부할 때 스마트폰에 방해받지 않게 설정하나요?	○	×

8장
헛다리 짚기

"과목마다 공부법이 달라."

각 과목에 어울리는 방법으로 공부하면, 더 쉽고 재미있게 공부를 배울 수 있어. 예를 들어, 국어는 글을 읽고 쓰면서 표현력과 어휘력을 키우는 게 좋아. 수학은 문제를 풀고, 왜 그런 답이 나오는지 생각하면서 개념을 이해하는 거야. 영어는 듣고 말하는 연습을 통해 영어로 소통하는 감각을 익히는게 중요해. 과학은 실험이나 관찰을 통해 궁금한 내용을 탐구하는 힘을 길러야 해.

국어 잘하는 5가지 꿀팁!

★ 일상적인 읽기 습관 만들기

재미있는 이야기책을 통해 독서에 흥미를 느끼고, 점차 다양한 장르의 책에도 도전해 봐. 꾸준히 읽다 보면 어휘력과 이해력이 자연스럽게 올라갈 거야!

★ 질문하기

책이나 글을 읽은 후에는 주인공의 행동이나 이야기의 내용에 대해 질문을 해 봐. 예를 들어, "주인공은 왜 그렇게 행동했을까?" "나라면 어떻게 했을까?" 질문을 통해 내용을 더 깊이 이해할 수 있을 거야.

★ 일기쓰기

매일 자신의 모습을 되돌아보며 생각을 정리하고 표현하는 연습을 하는 거야. 거기에 기본적인 글쓰기의 기술도 익힐 수 있지.

★ 짧은 글쓰기 연습

특정 주제에 대해 간단히 글을 써 보는 연습을 통해 표현력을 기를 수 있어. 하루에 한두 문장으로 시작해서, 점차 글의 길이를 늘려 가 봐.

★ 국어사전 찾아보기

새로운 단어를 배울 때마다 국어사전을 찾아봐. 그 단어가 쓰이는 다른 상황도 확인해 봐. 단어의 사용법을 알게 되면 어휘력이 늘어나고, 풍부한 표현력을 기르는 데 도움이 될 거야.

영어 잘하는 5가지 꿀팁!

★ 꾸준한 영어 노출

내가 좋아하는 노래나 영상, 콘텐츠를 선택하여 듣고, 보면서 자연스럽게 영어 발음과 억양에 익숙해지도록 해 봐.

★ 듣기와 말하기 연습

영어 대화를 반복해서 들으며, 누군가와 영어로 대화하는 연습을 해 봐. Chat GPT와 같은 AI와 대화하면서 말하기 연습을 할 수도 있어.

★ 일상 속 단어 찾기

자주 보는 물건의 이름을 영어로 배워 봐. 그 단어가 들어간 짧은 문장을 만들어 보는 것도 자연스럽게 익히는 데 도움이 될 거야.

★ 읽기와 쓰기

쉬운 영어 그림책부터 동화책까지 읽기 연습을 해 봐. 읽은 내용을 바탕으로 비슷한 이야기를 만들어 영어로 써 보면 쓰기 실력도 함께 늘 수 있어.

★ 실수를 두려워하지 않기

언어를 배우는 과정에서 실수는 당연한 거야. 실수를 통해 배운다는 것을 잊지 말고, 틀려도 자신 있게 시도해 봐.

수학 잘하는 5가지 꿀팁!

★ 꾸준한 연습
매일 연산 1장이라도 문제를 풀며 수학적 사고력을 키워 줘. 꾸준한 연습이 수학 실력을 크게 키워 줄 거야.

★ 기본 개념 확실히 이해하기
기초가 튼튼해야 더 복잡한 문제도 쉽게 풀 수 있어. 수학 개념을 단순히 암기하지 말고, 왜 그런지 이해해 봐.

★ 실생활과 연결하기
수학은 실생활과 아주 가까워. 물건을 살 때 할인율을 계산하거나, 요리할 때 비율을 계산하는 등 실생활에서 수학을 찾아 봐.

★ 단계별 문제 풀이
어려운 문제를 풀 때는 작은 단계로 나누어 차근차근 해결해 봐. 틀린 문제는 왜 틀렸는지, 어디서 실수했는지 오답 정리도 잊지 말고!

★ 수학 게임 활용
수학을 놀이처럼 즐길 수 있는 수학 게임을 활용해 봐. 89쪽에 소개했던 '쥬니버스쿨' 등 스마트 기기로 수학 놀이를 해도 좋고, 친구와 함께 게임 놀이를 하듯 수학 공부를 하는 것도 추천해.

9장
실전 대비 공부법

"큰 개념을 알아야 해."

수업 시간에 집중해서 들었는데도, 어떤 내용이 핵심 포인트인지 또렷하게 보이지도 않을 때가 있어. 시간이 지나면 배운 내용을 잊어버리기도 쉽고. 배운 내용을 눈으로 다시 확인하고, 머릿속에 더 깊이 새기려면 큰 개념을 먼저 정리하는 게 중요해. 단원에 맞게 개념을 구분하고, 핵심 주제와 키워드를 가지치기 하면서 효율적으로 노트 정리를 해 보는 거야.

핵심 노트로 성적을 올려라!

★ 마인드맵 필기법
중심 주제를 가운데에 크게 적고, 그 주제와 관련된 주요 개념이나 키워드를 선으로 연결해 나가며 적어 보는 거야.

★ 비쥬얼 씽킹 필기법
그림과 글자를 사용해 생각을 시각적으로 표현하는 방법이야. 배운 내용을 간단한 아이콘으로 표현하고, 간단한 설명을 적어 봐.

★ 코넬 노트 필기법
효과적으로 정리하고 복습하기 위한 체계적인 노트 정리법이야. 페이지를 세 부분으로 나누어 왼쪽에는 핵심 질문이나 키워드, 오른쪽에는 주요 내용을 기록하고, 아래쪽에는 요약을 적는 거야.

★ 다빈치 노트 필기법
한쪽에 정보를 정리한 다음, 다른 쪽에 나의 생각이나 궁금한 점, 질문을 정리하면서 내가 정확히 모르는 부분을 다시 확인해 보는 거야.

핵심 노트를 만드는 법은 다음 페이지에서 자세히 설명해 볼게.

핵심 노트 만들기

앞에서 배운 노트 필기법을 좀 더 자세히 알아볼까?

| 마인드맵 필기법 | 핵심어를 중심으로 단어나 내용을 추가해 봐. 내용과 흐름을 이해하며 정리해 보는 거야. |

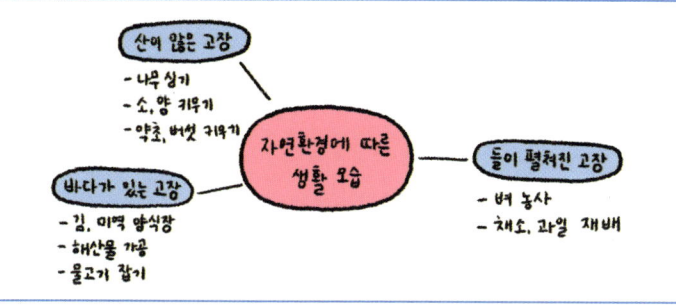

| 비쥬얼 씽킹 필기법 | 그림과 글자, 표로 배운 내용을 정리해 봐. 시각적으로 기억을 해 보는 거야. |

윤후는 어떤 방법으로 필기를 할까?

코넬 노트 필기법

핵심 키워드 중심으로 복습하고, 내용을 요약해 봐. 수업을 들으며 내용을 필기할 때 효과적이야.

1. 교과 단원 및 수업 일자
2. 키워드 정리 / 3. 수업 내용 필기
4. 요약 및 정리

다빈치 노트 필기법

제목과 주요 내용을 간단히 요약해 봐. 내 생각을 살펴보는 거야. 노트를 정리하면서 궁금한 점이나 부족한 부분을 적어 보는 거야.

1. 제목	4. 핵심 요약
2. 주요 내용	
3. 자신의 생각, 보충 설명, 질문	

나만의 학습법 찾기!

사람마다 공부하는 방법이 다르기 때문에, 여러 가지 노트 작성법을 시도해 보고, 자신의 학습 스타일에 맞는 방법을 찾는 과정이 필요해.

그림을 그리는 것을 좋아하는 시각적 학습자라면?
▶ 마인드맵, 비쥬얼 씽킹, 도표 등

읽고 쓰는 것을 좋아하는 읽기/쓰기 학습자라면?
▶ 코넬 노트, 구조화 노트 등

말하는 것을 좋아하는 청각적 학습자라면?
▶ 소리 내어 말하며 필기하기, 녹음하여 정리하기 등

컴퓨터로 작업하기 좋아하는 디지털 학습자라면?
▶ 디지털 노트 앱(노션 등) 사용,
태블릿과 스타일러스 펜 활용, 클라우드 이용 등

10장
공부의 한계

견디다 보니 할 만한데?

너무 힘들어, 그냥 포기할까?

운동 초반에, 호흡 곤란과 심장 박동으로 고통을 느끼며 운동을 그만두고 싶은 순간을 '**데드 포인트**'라고 해. 한자로는 죽을 사(死)와 점 점(點)을 써서 '**사점(死點)**'이라고 부르기도 해.

그런데 이 구간을 참고 견디면서 운동을 계속하다 보면 점차 호흡이 안정되고 괜찮아진다는 거야. 힘들어도 참고 견뎌 봐. 조금 지나면 괜찮을 거야.

데드 포인트?

이제 축구 연습하러 가야 해. 다음에 또 보자.

"인내와 버티기."

목표를 향해 나아가다 보면 지칠 때도 있어. 그럴 때 당장 그만두고 싶은 마음이 들 수 있지만, 포기하지 말고 장기적인 목표를 다시 떠올리며 마음에 새기는 건 어떨까? 가장 힘든 지점이라는 것이 느껴질 때, 조금만 더 참고 버티면서 말이야.

장기적인 목표 세우기

목표는 집중력을 높이고, 시간을 낭비하지 않도록 도와줘. 공부의 우선순위를 정한 뒤, 공부의 흐름을 유지하며 꾸준히 목표를 향해 나아갈 수 있어. 이제 너도 목표를 세우고, 계획을 세워 보는 건 어떨까?

★ 장기적인 목표
예) 외교관이 되기 위해 외국어 실력 키우기, 다른 나라 알기

내가 미래에 이루고 싶은 꿈이 있다면 그 꿈을 위해 내가 노력해야 할 점을 생각해 봐.

★ 올해 목표
예) 쉬운 영어책 50권 읽기

이번 1년 동안 내가 성장하기를 바라는 점을 생각해 봐.

★ 이번 달 목표
예) 영어책 4권 읽기, 좋아하는 주제로 말하기 연습하기

1년 목표를 이루기 위해 한 달 동안 집중해야 할 일을 생각해 봐.

★ 이번 주 목표
예) 영어책 1권 읽기, 영어로 생활 문장 3개 익히기

한 달 목표를 이루기 위해 매주 할 수 있는 구체적인 목표를 생각해 봐.

"자기 주도 학습법이란?"

부모님이나 선생님이 시키지 않아도 스스로 공부해 본 적이 있어? 자기 주도 학습법은 스스로 공부의 주인이 되어 책임감을 가지고 학습하는 거야. 스스로 학습 목표를 설정하고, 계획을 세워 실천하는 방법이지.

자기 주도 학습법의 5단계

단계	해야 할 일	예시
1단계 꿈 그리기	목표 세우기	170쪽 책 한 권 읽자!
2단계 길 찾기	하루 계획 세우기	하루에 25쪽씩 7일 동안 읽으면 되겠어.
3단계 한 걸음씩	실천하기	저녁 7시부터 8시까지 읽자.
4단계 오늘의 체크	확인하기	오늘 분량을 다 했나?
5단계 보완하기	다시 계획하기	어제는 14쪽밖에 못 읽었으니, 오늘은 어제 못 읽은 11쪽에 오늘 읽어야 할 25쪽을 더해서, 총 36쪽을 읽어야겠어.

"데드 포인트란?"

실력이 성장하는 과정에서 **데드 포인트(Dead Point)**가 찾아오기 마련이야. 데드 포인트는 원래 스포츠 용어란다. 달리기를 하다가 숨쉬기 어려울 정도로 호흡이 가쁘고, 심장이 아픈 순간이 오거든. 가장 힘들고 고통스러운 순간이라고 할 수 있지. 그때를 '데드 포인트(죽음의 한계)'라고 해.

데드 포인트를 이기려면!

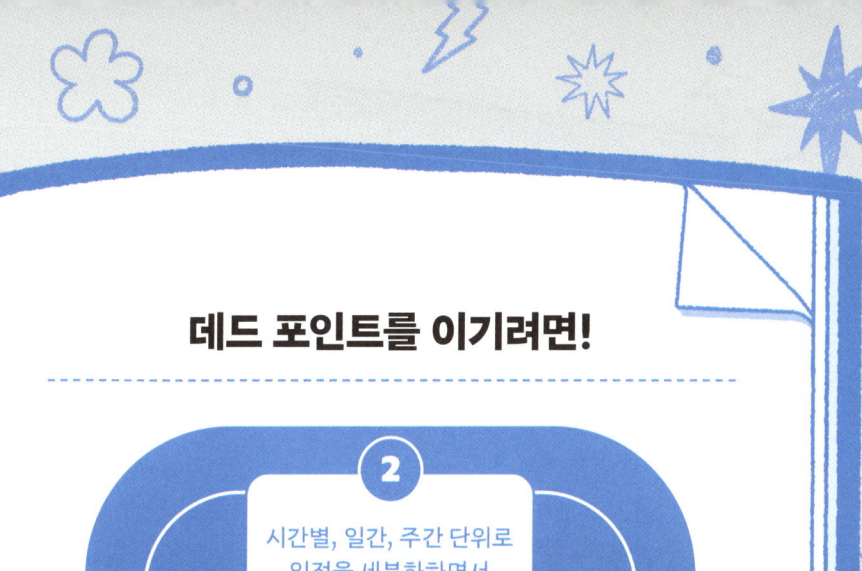

1 공부를 마라톤이라고 생각해 봐.

2 시간별, 일간, 주간 단위로 일정을 세분화하면서 공부의 흐름을 점검해 봐.

3 중간 지점을 설정해서 나의 컨디션을 체크해 봐. 힘든 구간을 대비한 전략도 짜 보고.

4 충분한 수면, 휴식 시간을 관리하며 재충전의 시간을 가져 봐. 마음의 상태도 살펴보면서 말이야.

▲ 출발
▲ 도착

데드 포인트를 이겨냈어!

자기 주도 학습을 위한 시간 관리 방법

'포모도로 기법'이란 공부할 때 집중력을 높이기 위한 방법이야. 25분 동안 공부에만 집중하고, 그다음 5분 동안 짧은 휴식을 취하는 거야. 25분 공부 + 5분 휴식을 4번 반복한 후 15~30분 동안 긴 휴식을 가지는 거지. 짧게 집중해서 공부하고, 피곤하지 않게 쉴 수 있는 방법이라 할 수 있어.

포모도로 기법

25분 공부	5분 휴식	25분 공부	5분 휴식
①		②	
25분 공부	5분 휴식	25분 공부	5분 휴식
③		④	

15분~30분 길게 휴식

휴식도 계획에 포함하기

휴식 없이 계속 공부를 하는 것은 오히려 나쁜 결과를 가져올 수 있어. 공부하다가 집중력이 떨어졌다면, **잠깐 쉬는 시간**을 가져야 해. 의자에 오래 앉아 있어 허리나 목에 통증이 느껴진다면, 쉬는 습관을 더욱 길러야 해. 어떻게 시간을 관리할 때 나의 신체 리듬이 가장 잘 발휘되는지 찾아봐.

11장
실전 준비!

"문제 의도를 잘 생각해 보자."

시험이 끝난 뒤에 다시 문제를 읽어 보면 '아차!' 하고 아쉬웠던 때가 있지 않니? 문제만 제대로 읽어도 충분히 정답을 찾아낼 수 있어. 문제를 천천히, 끝까지 잘 봐. 문제에 사용된 특정 단어, 숫자, 순서 등의 힌트를 찾아보는 거야. 시험 문제가 숨은 그림 찾기라고 생각하고, 중요한 단어에 동그라미를 치며 문제를 읽어 보는 것도 좋은 방법이야.

그래도 답을 모르겠다면 ❶

그 문제를 끝까지 풀려고 애쓰지 않아도 괜찮아. 평소 공부할 때는 한 문제를 오래 고민하고 깊이 생각해 보는 것도 아주 좋은 자세야. 하지만 **시험에서는 시간이 제한되어 있기 때문에** 아는 문제부터 빠르게 푸는 것이 더 효과적이야. 모르는 문제는 별표를 해 두었다가 가장 마지막에 다시 도전해 보는 거야. 다른 문제를 푸는 동안 새로운 생각이 떠오르거나, 문제를 다시 봤을 때 정답이 자연스럽게 떠오를 수도 있어.

그래도 답을 모르겠다면 ❷

아무리 생각해도 잘 모르겠어서 답을 '찍어야' 할 때에도 **나름의 전략**이 있어.

★ 지문 속 단어와 유사한 표현이 들어간 선택지를 찾아봐.

★ 〈보기〉에서 가장 길거나 복잡하게 표현된 문장이 정답일 확률이 높아.

★ '항상' '절대' 같은 극단적인 선택지는 오답일 가능성이 커.

"시험 이후가 더 중요해."

시험이 끝났다고 모든 게 끝난 건 아니야. 맞은 문제도, 틀린 문제도 다시 한번 들여다보자! 분명히 알고 있었는데도 틀린 문제, 생각보다 많지 않니? 시험이 끝난 뒤 다시 보면, 처음엔 보이지 않았던 실수나 오해가 보이기도 해. 그래서 시험 볼 때도 문제를 다 푼 뒤에 반드시 검토하는 시간이 아주 중요해.

시험 후, 점검 포인트 ❶

시험지 보관 학기별, 학년별로 보관해서 언제든지 다시 볼 수 있도록 하는 것이 좋아.

실수 교정 실수한 문제를 체크해 보자. 실수는 반드시 짚고 넘어가야 해. 실수를 통해 배우고 성장할 수 있거든. 어떤 유형의 실수를 자주 하는지 체크하고 교정해야 해.

개념 재확인 시험 후, 문제에 출제된 개념들을 다시 확인해 보는 게 중요해. 필요하다면 선생님이나 친구에게 질문하는 것도 좋은 방법이야. 혼자 고민하는 것보다 훨씬 빠르게 이해할 수 있어.

시험 후, 점검 포인트 ❷

맞은 문제 복습 맞은 문제도 다시 보면 진짜 제대로 이해해서 맞힌 건지 확인할 수 있어. 가끔은 운이 좋아서 맞힌 문제도 있으니까, 다시 한번 점검해 보기!

오답 노트 만들기 틀린 문제를 따로 정리해 오답 노트를 만들어 보자. 나중에 시험을 준비할 때, 가장 효과적인 복습 자료가 될 수 있어.

실력 분석 과목별 오답 노트를 꾸준히 만들어 보는 거야. 반복해서 하다 보면 부족한 부분이 드러나거든. 이렇게 쌓인 공부 데이터를 통해 나만의 학습법을 더 객관적으로 분석해 보자.

12장
시험보다 중요한 것

시험이 끝난 후 친구들의 반응은 꽤 다양하다.

훌련하다는 듯 기분 좋게 웃는 친구.

틀린 문제를 바로 체크하는 친구.

그냥 조금 아쉬워하거나,

결과에 그다지 관심이 없거나.

"공부를 해야 하는 이유!"

"배움에는 끝이 없다."는 말을 들어 본 적 있니? 공부는 학교에서만 하는 것이 아니야. 우리는 평생 동안 매일 새로운 것을 배우며 성장하고, 내가 배운 것을 누군가에게 나누는 삶을 살아가게 돼. 공부는 나 자신을 더 잘 이해하고, 세상을 더 깊이 알게 해 주는 값진 여행이야. 윤후처럼 공부를 진지하게 대하는 사람들에게는 몇 가지 공통점이 있어. 대표적으로 다음과 같은 특징들이 있는데 한번 살펴볼까?

공부에 진심인 사람들의 공통점

목표가 뚜렷하다 공부하는 이유와 목표가 분명해. 단순히 시험을 위한 공부에 머물지 않아.

자기 주도 학습을 한다 스스로 계획하고 실천을 해. 필요한 건 직접 찾고, 모르면 질문하고.

실수를 두려워하지 않는다 틀린 문제를 그냥 넘기지 않고, 원인을 찾아 성장의 기회로 삼아.

공부를 '생활의 일부'로 여긴다 공부를 밥 먹고 운동하듯 일상생활로 받아들여. 그래서 꾸준함이 몸에 배어 있어.

스스로를 객관적으로 본다 약점을 숨기지 않고 인정해. 그리고 그걸 채우기 위해 노력을 하고.

휴식도 전략적으로 한다 집중력을 위해 휴식과 재충전의 시간을 잘 챙겨.

세상과 다른 사람 이야기에 귀를 기울여 결과에만 매이지 않고, 세상과 나를 연결하며 열린 마음으로 다른 의견도 받아들여.

내가 꿈꾸는 직업

너는 어떤 공부를 진지하게 하고 싶니? 또 어떤 직업을 갖고 싶어?

유튜버

운동 선수

AI 개발자

소방관

작가

의사

모델

디자이너

음악 프로듀서

배우

영화 감독

선생님

과학자

경찰관

간호사

아나운서

만화가(웹툰 작가)

요리사

법률 전문가

가수

내가 꿈꾸는 세상

내가 선택한 직업으로 세상에 어떤 변화를 일으키고 싶은지 '내가 꿈꾸는 세상'에 대해 친구들과 나누는 시간을 가져 보자.

직업	내가 바라는 세상
예시) 과학자	환경을 지키는 과학자가 된다면 지구가 지금보다 더 깨끗해질 거야.
예시) 작가	멋진 작가가 되어 사람들이 내 글을 통해 재미있는 상상을 하도록 도울 거야.

내가 원하는 직업을 가지려면 어떤 지식을 쌓아야 할까? 필요한 부분이 무엇인지 적어 보자.

꾸준히 공부하기

AI 연구

콘텐츠 크리에이터

시험보다 중요한 것은 나를 위한 공부를 꾸준히 해야 한다는 거야. 요즘 세상은 아주 빠르게 변하고 있어. 새로운 기술과 지식이 계속 생기고, 하고 싶은 일과 직업도 점점 더 다양해지고 있어. 그래서 어린이일 때뿐만 아니라, 어른이 되고, 나이가 들어서도 계속 배우는 마음, 바로 '평생 학습'이 꼭 필요해.

신재생 에너지

천문학

그리고 앞으로의 사회는 함께 생각하고, 도와주고, 바르게 행동할 줄 아는 사람이 정말 소중해. **기회가 생겼을 때는 배우는 걸 멈추지 말고, 두려움 없이 용기 있게 도전해 봐.** 조금씩 나를 키우고, 다른 사람을 도울 수 있는 힘을 기르다 보면 시험, 성적보다 더 중요한 가치들을 발견하게 될 거야.

✦ 윤후의 비법 노트 ✦
스스로 공부하는 어린이가 되는 방법

★ **책상부터 공부하자**
공부가 잘 안 되는 건 마음가짐이 아니라 환경 때문일 수 있어.

- ✓ 필요한 것만 꺼내 놓기.
- ✓ 교과서와 공책을 깔끔하게 정리하기.

★ **공부 계획은 작고, 구체적으로**
"공부 열심히 해야지!" 말로만 하는 건 계획이 아니야.
내가 할 수 있는 계획을 짜고 실천해야 해.

- ✓ 언제, 어디서, 무엇을 할지 정하기.
- ✓ 하루 10분부터 가볍게 시작해 보기.
- ✓ 스티커나 작은 보상, 나를 칭찬하는 말 붙이기.

★ 예습은 '발견', 복습은 '확인'
예습은 모르는 걸 찾는 시간,
복습은 배운 내용을 확실히 내 것으로 만드는 시간이야.

- ✔ 수업 전에 교과서 미리 보기.
- ✔ 배운 뒤 24시간 안에 다시 보기.
- ✔ 쉬는 시간 5분만 활용해도 OK.

★ 모르면 꼭 질문하기
모르는데도 그냥 넘기면, 오답 습관이 생길 수 있어.

- ✔ 질문하기를 부끄러워하지 않기.
- ✔ "이 부분이 왜 그런지 모르겠어요."처럼 구체적으로 질문하기.
- ✔ 먼저 혼자 찾아보고, 그래도 모르겠으면 친구나 선생님에게 도움 요청하기.

★ 자기 주도 학습법 익히기
공부의 주인이 되어 스스로 해 봐.

- ✔ 목표를 세우고, 계획대로 실천해 보기.
- ✔ 다 했는지 스스로 점검하고, 부족한 부분은 다시 계획하기.

★ 공부는 혼자보다 같이
친구와 함께 공부하면 더 재미있고, 더 오래 기억돼!

- ✔ 돌아가면서 '선생님 역할' 해 보기.
- ✔ 말로 설명하면서 복습을 하면 기억이 쏙쏙!

★ 과목별 공부법을 따로 만들자
모든 과목을 똑같이 공부하면 효과가 떨어져!
과목마다 잘 맞는 공부법을 찾아보자.

- ✔ **국어** : 책 읽기 → 질문하기 → 글 써 보기.
- ✔ **수학** : 꾸준히 문제 풀기 + 개념 정확히 이해하기.
- ✔ **영어** : 듣기 → 말하기 → 읽기 → 쓰기 순으로 연습하기.

★ 나에게 맞는 공부법 찾기

공부도 나한테 딱 맞는 방법이 있어!

- ✓ **나만의 노트 정리법 찾기** : 마인드맵, 비주얼 씽킹, 코넬 노트, 다빈치 노트 등 다양하게 시도해 보기.
- ✓ 시각형, 청각형, 쓰기형 중 내 학습 유형 알아보기.

★ 진짜 공부는 '내가 되고 싶은 나'를 위한 거야

공부는 부모님이나 선생님 때문이 아니라,

내가 꿈꾸는 나를 위한 준비야.

- ✓ 시험 점수보다 더 중요한 게 있다는 것 기억하기.
- ✓ '오늘의 나보다 나은 나'를 기대하기.

TO. 소희

소희야, 안녕
나는 과거의 소희야.
소희야, 너는 지금도
책을 많이 읽고 있니?
너는 책 읽는 걸
좋아했었어.
아직도 문학 소녀일지
궁금하다! ♡

TO. 미래의 다솜이

안녕? 다솜아.
내가 파스오빠들
사진을 선물로
줄게! 미래에
이걸 보면 넌
엄청 행복할 거야.

우리들은 알고 있다.

어른이 되어 가는 과정에서
경험한 크고 작은 일들이 모여
지금의 내가 되었듯이…

과거와 현재… 그리고
미래가 연결되어 있다는 것을.

지금 우리가 보내는 이 시간도
차곡차곡 쌓여 또 미래를
만들어 나갈 것이다.

밤하늘을 가득 채운
별들처럼.

너를 응원해!

과목에 맞게 똑똑한 공부 전략을 짜 보기!
이건 정말 중요한 팁이야.
- 소희

나에게 딱 맞는 학습법을 찾으니까,
공부가 훨씬 쉬워졌어.
- 다솜

네가 진짜 잘하고 좋아하는 건 뭐야?
꼭 너만의 것을 발견했으면 좋겠어.
- 민규

복습과 예습이 정말 중요해.
공부한 내용을 반복해서 확인해 보는 거야.
- 정우

포기하지 않고 여기까지 온 너,
정말 대단해. 오늘도 수고했어!
— 재연

모르는 건 그냥 넘기지 말고
친구, 선생님과 함께 풀어 보기다.
— 윤후

얘들아, 우리 안에는 해낼 수 있는
힘이 있다는 걸 잊지 마!
— 쌤

여러 가지를 경험해 보면서
스스로 좋아하는 걸 꼭 찾길 바라!
— 경자

작가의 말

"너는 꿈이 뭐니?"

어린 시절 저는 이 질문에 항상 말문이 막혔습니다. 그때 저는 마땅한 꿈이 없는 아이였기 때문입니다. 당당하고 야무지게 꿈을 이야기하는 친구들의 대답을 듣다 의기소침해지기도 했습니다. 저는 떠밀리듯 꿈을 떠올리곤 했습니다.

내 주변에 선생님이 많으니 선생님? 만화책을 좋아하니 만화가? 멋진 가운을 입은 의사는 어떨까? 이런 막연한 생각들 말이지요. 꿈을 찾지 못해서 공부를 해야 하는 이유도 잘 몰랐습니다. 어쩌면 저와 비슷한 친구들도 있을 겁니다.

누군가는 환히 웃는 부모님의 얼굴을 떠올리며 공부를 하고, 누군가는 도움이 되고 싶어서 합니다. 꿈을 이루기 위해서, 스스로가 느끼는 뿌듯함 역시 공부를 지속하는 큰 힘이 되기도 하지요.

경자

누군가는 반에서 1등이 되기 위해 공부를 하지만, 그 역시 잘못된 건 아닙니다. 중요한 건 공부를 통해 스스로 좋아하는 걸 찾고 나아가는 힘을 길러 내는 것이겠지요. 공부를 하는 이유에 정답은 없다고 생각합니다.

공책에 낙서하며 공상하던 것들이 독자 여러분께 닿게 될 거라고, 어린이였던 제가 상상이나 했을까요? 저 또한 여러분과 같은 고민을 하며 걸어왔다는 걸.

이 진심이 전달되길 바랍니다.